ORAISON FUNÈBRE

DE M. L'ABBÉ

Urbain LOIR-MONGAZON,

Ancien Curé de Notre-Dame de la ville de Beaupreau; Fondateur des
Petits-Séminaires de Beaupreau et d'Angers ;

PRONONCÉE

Dans la Chapelle du Petit-Séminaire d'Angers,

Le 19 novembre 1839,

Par M. l'Abbé Dubois,

CURÉ DE N.-D. DE BEAUPREAU.

PRIX : 50 CENTIMES,

Au profit des monuments à élever dans les villes d'Angers et de
Beaupreau, à la mémoire de M. MONGAZON.

Angers,

Chez LAUNAY-GAGNOT, IMP.-LIB. DU CLERGÉ;
AUX GRAND ET PETIT SÉMINAIRES.

Si je prononçais ces paroles devant vous, Messieurs, dans tout autre lieu et dans des circonstances où rien ne rappelât la mémoire du vénérable défunt à qui nous venons aujourd'hui rendre les derniers devoirs de notre reconnaissance, vous lui en feriez de vous-mêmes l'application, et votre première pensée serait de le reconnaître dans des traits qui le peignent si bien. En effet, soit que nous le suivions dans les fonctions d'un ministère tout de charité, qui met le Prêtre en rapport avec tous les besoins et toutes les misères, soit qu'on le considère dans la carrière de l'éducation consacrant ses soins et ses veilles à former pour la patrie des citoyens vertueux et pour l'Église des ministres qui l'édifient et qui l'honorent, sa vie toute entière est une preuve touchante de cette charité si effusive et si douce, qui lui conciliait tous les esprits et qui lui gagnait tous les cœurs : *Vir amator civitatis, et benè audiens, qui pro affectu Pater appellabatur.*

Tel il était, Messieurs, tel nous l'avons connu, tel je me propose de vous le représenter dans un discours dont la vérité fera tout l'ornement. Car il ne convient, ni à mon âge, ni à la dignité du ministère que je remplis aujourd'hui au milieu de vous, de chercher, de penser même à faire montre d'un talent que je n'ai pas ; et quand même je l'aurais, je croirais toujours et plus convenable et plus conforme à la vie simple et modeste de ce saint Prêtre, de louer ses vertus avec la même modestie, pour ainsi dire, et avec la même simplicité avec lesquelles il les pratiquait.

Déférant avec respect à une invitation qui m'honore, en même temps qu'elle s'accorde avec tous les sentiments de mon cœur, je vais essayer de vous montrer Monsieur l'Abbé URBAIN LOIR-MONGAZON, ancien Curé de Notre-Dame de la ville de Beaupreau, Fondateur des Petits-Séminaires de Beaupreau et d'Angers, d'abord comme simple prêtre, ensuite comme père de la jeunesse et restaurateur du Clergé dans le diocèse. Dans la première partie, je présenterai à votre édification ses vertus sacerdotales ; dans la seconde, je rappellerai à votre souvenir son généreux dévouement, ses travaux, ses sacrifices et les heureux succès de son zèle. Vous reconnaîtrez en lui l'homme de Dieu, l'homme de l'Église, l'homme de la société toute entière, l'homme qui dans sa charité universelle ne connut ni bornes ni limites, l'homme béni de tous, le père le plus généralement et le plus singulièrement aimé. Honorez-moi de votre attention.

PREMIÈRE PARTIE.

Dieu dont la puissance est infinie , qui parle et tout est fait , qui commande et les créatures sortent du néant (1), règle néanmoins toutes choses avec poids, nombre et mesure (2) ; et comme s'il avait besoin de délibérer avant que d'agir , selon la grandeur et l'importance qu'il veut nous faire remarquer dans ses œuvres, il met plus ou moins de temps et, pour ainsi parler, d'application à les produire. En six jours , avec six paroles, il créa le monde ; et comme pour nous faire comprendre que créer l'homme était une œuvre plus grande que de créer le monde, il voulut se recueillir et délibérer avec lui-même pour le faire tel qu'il l'avait conçu dans sa pensée éternelle (3). Il employa quatre mille ans à préparer l'incarnation de son Verbe, parce que racheter l'homme était une œuvre infiniment plus grande que de le créer. Le Verbe incarné lui-même se prépara pendant les trente-trois années de sa vie mortelle au grand sacrifice qu'il venait offrir sur la terre. Que penserons-nous donc, Messieurs, des dispositions que nous devons apporter à l'exercice d'un ministère qui est le ministère de Jésus-Christ lui-même ? Suivons la conduite de l'Esprit de Dieu , et avant que de voir un prêtre à l'autel , voyons comment il se prépare à en approcher.

La préparation pour le Sacerdoce, ainsi que le remarque Bossuet avec tant de justesse , n'est pas une application de quelques jours , mais l'étude de toute la vie ; ce n'est pas un soudain effort de l'esprit pour se retirer du vice , mais une longue habitude de s'en abstenir ; ce n'est pas une

(1) Ipse enim dixit, et facta sunt , ipse mandavit, et creata sunt.
Ps. 148. 5.

(2) Omnia in mensurâ, et numero et pondere disposuisti. *Sap.* 11, 21.
(3) Faciamus hominem. *Gen.* 1, 26.

dévotion fervente seulement par sa nouveauté, mais affer-
mie, enracinée par un long usage. Saint Grégoire de Ná-
zianze a dit du grand saint Basile, qu'il était prêtre avant
même que d'être prêtre (1), ou, en d'autres termes, qu'il
en avait les vertus avant que d'en avoir le degré. Il était
prêtre par son zèle, par la gravité de ses mœurs, par l'in-
nocence de sa vie, avant de l'être par son caractère.

Nous pouvons dire la même chose de M. Urbain Loir-
Mongazon. Il avait donné dès son enfance des marques de
ces vertus aimables et de cette tendre piété qui devaient
en faire dans la suite un prêtre selon le cœur de Dieu et
propre à lui gagner des âmes. Ces belles dispositions ne fi-
rent que croître et se développer avec l'âge. Entré au sémi-
naire, il n'eut pas de peine à se plier à une règle qui ne
contrariait aucun de ses penchants ; et à voir l'aisance avec
laquelle il se livrait à tous les exercices de cette sainte
maison, on eut dit qu'il les avait pratiqués toute sa vie et
qu'il avait respiré l'esprit ecclésiastique dès ses plus tendres années. Sa modestie, sa candeur, sa piété, sa régula-
rité lui eurent bientôt gagné la confiance et l'attachement,
je dirais mieux, le respect de ses confrères, l'estime et
l'affection de ses supérieurs, qui ne cessèrent, tant qu'ils
vécurent, de lui en donner des marques éclatantes.

Envoyé au collége de Beaupreau pour y passer dans
l'enseignement le temps qui lui restait à parcourir jusqu'à
la consécration mystique, on peut dire qu'il s'y montra
prêtre avant l'ordination. Toujours modeste, joignant à
un air gracieux qui lui était naturel, avec des traits qui le
faisaient paraître plus jeune encore qu'il n'était, une gravité sans affectation ; toujours zélé comme un saint prêtre,

____

(1) Hunc (Basilium) Dei providentia in multis antè numeribus ex-
ploratum, ac quotidiè clariorem illustrioremque campertum, in sa-
crum Presbyterorum ordinem adscribit.   GREG. NAZ. in laud. Basilii.

et prêt à seconder toutes les pieuses intentions du vénérable supérieur qui gouvernait cette maison; déjà il était l'homme de sa confiance, l'admiration de ses collègues, et, de tous les maîtres, celui qui savait le mieux faire respecter l'autorité, parce qu'il savait le mieux la faire aimer.

S'il fut prêtre avant l'ordination, combien plus encore le fut-il quand il en eut reçu le caractère ! Mais avant d'admirer ses vertus sacerdotales, considérons l'idée que saint Paul nous donne d'un prêtre. Tout pontife, dit-il dans son épître aux Hébreux, et sous le nom de pontife il comprend tout l'ordre sacerdotal, tout pontife pris d'entre les hommes, est établi pour les hommes en ce qui regarde le culte de Dieu : *Omnis pontifex, ex hominibus assumptus, pro hominibus constituitur in iis quæ sunt ad Deum* (1). C'est un homme pris parmi les autres hommes. *Ex hominibus assumptus*, et quoique la dignité de son caractère l'élève au-dessus des autres et l'investisse d'un pouvoir divin, bien loin de s'exalter lui-même (2), il a besoin de se rappeler souvent l'avertissement que lui donne le Sage, de s'abaisser d'autant plus dans son esprit au-dessous de tous qu'il est plus au-dessus d'eux par la grâce de sa vocation (3). La raison que lui en donne l'apôtre, c'est qu'il est établi prêtre non pour lui, mais pour les autres : *Pro hominibus constituitur*. Le prêtre n'est plus à soi, il ne vit plus pour soi, il n'a plus en quelque sorte d'intérêts que ceux de ses frères. Ses soins, ses veilles, ses travaux, sa santé, sa vie, il doit tout et se doit lui-même à leur salut, prêt à leur dire comme le même saint Paul aux fidèles de Corinthe : Pour ce qui est de moi, je don-

____

(1) *Hebr.* 5, 1.

(2) *Neque ut dominantes in cleris.* 1 *Pet.* 5, 3.

(3) *Quantò magnus es, humilia te in omnibus. Eccl.* 3, 20.

nerai volontiers tout ce que j'ai , et je me donnerai encore moi-même pour sauver vos âmes (1).

Il est donc prêtre pour l'utilité des hommes : *Pro hominibus*, ou, si l'on veut, il est prêtre pour être le serviteur des serviteurs de Dieu : *Servus servorum Dei.* Mais dans quelles affaires leur doit-il ses services? Dans celles de ce monde? Non , il y est étranger, et il ne lui est permis d'y prendre part qu'autant que la gloire de Dieu et le devoir de la charité l'y obligent. En quoi donc doit-il les servir? Dans ce qui regarde le culte de Dieu et leur salut : *In iis quæ sunt ad Deum.* Voilà toute son affaire ; et saint Paul l'avertit encore qu'une fois enrôlé dans la milice sacrée , il ne peut retourner aux embarras du siècle , sans encourir la disgrâce du grand Roi sous les drapeaux duquel il s'est rangé (2).

Quelles fonctions l'apôtre attribue-t-il aux prêtres? Deux principales : celles de sacrificateur et de médecin des âmes. Il désigne la première sous le nom des dons et des sacrifices qu'il est chargé d'offrir à Dieu pour les péchés des hommes et pour ses propres péchés : *Ut offerat dona et sacrificia pro peccatis* (3). Il lui apprend à s'acquitter avec fruit de la seconde en lui déclarant que s'il peut être sévère à l'égard des pécheurs qui le sont par une malice raisonnée , il faut qu'il soit doux et compatissant envers ceux qui pèchent par ignorance et par erreur: *Qui condolere possit iis qui ignorant et errant* (4). Et il lui fait sentir cette obligation par une raison qui le touche lui-même ; c'est qu'étant, aussi bien que les malades qu'il

(1) Ego libentissimè impendam et super impendar ipse pro animabus vestris. 2 *Cor.* 12, 15.

(2) Nemo militans Deo implicat se negotiis sæcularibus , ut ei placeat, cui se probavit. 2 *Tim.* 2, 4.

(3) *Hebr.* 5, 1.

(4) *Ibid.* 5, 2.

traite , environné d'infirmités et de misères , il a besoin qu'on ait pour lui l'indulgence qu'on réclame de lui pour les autres : *Quoniam et ipse circumdatus est infirmitate* (1).

L'apôtre u'entre pas dans un plus grand détail des fonctions du prêtre , parce que ce n'était pas le dessein de l'épître qu'il écrivait ; mais ce qu'il dit suffit au nôtre , et nous y trouvons l'ensemble de toutes les vertus qui font le prêtre digne de ce nom ; une humilité sincère , un désintéressement parfait , un dégagement d'esprit et de cœur qui lui laisse toute la liberté nécessaire pour vaquer aux choses de Dieu , une assiduité constante et une ferveur soutenue dans toutes les fonctions de son ministère , enfin un zèle ardent du salut des âmes , mais un zèle également doux et fort , qui tire sa force de sa douceur même , et qui sait se faire tout à tous pour les gagner tous à Jésus-Christ.

Or , Messieurs , qui connut mieux la pratique de cette doctrine que M. Mongazon? Et d'abord, qui le vit de près sans être édifié de son humilité ? Ce n'est pas par des traits frappants que j'essaierai de vous la faire remarquer. Cette vertu craint de se produire au dehors; il faut, pour ainsi dire, vivre avec elle pour la connaître. Du moment qu'elle chercherait à se montrer, elle cesserait d'être. Ses actes ne peuvent sans risque pour elle, paraître au grand jour. Elle est le voile qui cache les bonnes œuvres, pour les mettre en sûreté; et elle se voile elle-même dans l'ombre du silence, pour n'être pas aperçue. Tandis que tout le monde parlait des droits qu'il avait à la reconnaissance et à l'estime publiques, lui seul semblait les ignorer. On ne l'entendit jamais parler de lui-même qu'en choses indifférentes ou qui pouvaient détourner l'attention de ce qu'on

(1) Hebr. 5, 2.

remarquait de louable en lui. Il savait s'appliquer cette
maxime du pieux auteur de l'Imitation , qu'il recomman-
dait à ceux dont il dirigeait les consciences : *Ama nesciri
et pro nihilo reputari :* aimez à être ignoré et compté pour
rien (1). En effet il ne se comptait pour rien lui-même ; et
c'est parce qu'il ne se comptait pour rien que Dieu, qui ne
nous juge pas comme nous nous jugeons , et dans la main
duquel nous devenons quelque chose par là-même que
dans notre esprit nous ne sommes rien , en a fait un ins-
trument si utile à sa gloire : *Deus humilibus dat gra-
tiam* (2).

Une vertu qu'il lui était plus difficile de dérober aux regards, était son désintéressement. Dès qu'il se vit revêtu
du sacerdoce , l'Eglise fut tout pour lui, il n'eut d'autre
ambition que de la servir dans le poste qu'il plairait à Dieu
de lui assigner. Il était alors au collége de Beaupreau, et
nous avons déjà parlé du bien qu'il y faisait. Quitter des
fonctions qui étaient comme son élément naturel, pour
aller dans un vicariat se livrer à un genre de vie tout
étranger à ses inclinations et à ses goûts, fut un sacrifice
qu'il fit sans efforts, parce qu'il s'était préparé d'avance à
tous les sacrifices ; et lorsque quelques années l'eurent
accoutumé et attaché à un ministère où il faisait de grands
fruits, la vue d'un plus grand bien le décida sans peine à
rompre ce nouveau lien pour renouer celui qu'il avait
rompu.

Son zèle, il est vrai, savait se multiplier ; à Saint-Martin,
il profitait des intervalles que lui laissaient les fonctions de
vicaire , pour aller exercer celles de directeur au collége ;
rentré au collége , au lieu de jouir de ses moments de loi-
sir , il retournait à Saint-Martin se livrer à des fatigues plus

(1) Lib. 1. cap. 2, n. 3.
(2) Jac. 4, 6.

pénibles que les travaux dont il lui était si bien permis de se délasser. C'est qu'il sentait qu'il était établi prêtre pour les hommes : *Pro hominibus*, et ce sentiment le portait à sacrifier son repos et à s'immoler pour leur salut.

Mais en quoi son désintéressement a paru avec plus d'éclat, ce qui faisait comme le fond de son caractère, c'est la compassion pour les pauvres et le mépris de l'argent. Messieurs, dans un siècle où l'argent est tout, où la cupidité exerce une puissance si étendue, que les hommes les plus recommandables eux-mêmes n'ont pas toujours assez de courage et de force pour échapper entièrement à son influence, ce prêtre tout évangélique ne tenait à rien de ce qui passe, n'estimait de trésors que ceux que la rouille ne ronge point, que les voleurs ne peuvent enlever, ne savait ni demander à ceux qui lui devaient, ni refuser à ceux qui lui demandaient ; plutôt que de disputer pour conserver la tunique, il était tout prêt à abandonner même le manteau. *Et ei qui vult tecum judicio contendere et tunicam tuam tollere, dimitte ei et pallium* (1).

Qui pourrait compter ses aumônes ? Dieu seul les connaît toutes ; et j'avoue, Messieurs, que le temps et les forces me manqueraient, si j'entreprenais d'énumérer celles que sa modestie et son humilité n'ont pu dérober à notre vue. Paraissez donc ici et parlez à ma place, vous tous dont il a soulagé l'infortune et adouci la misère. Parlez, vous qui avez eu faim, et à qui il a donné à manger ; vous qui étiez nus et qu'il a vêtus, souvent en se dépouillant lui-même ; vous qui étiez exposés à l'intempérie de l'air et à qui il procura un abri. Parlez, vous, malades, vous infirmes, dont ses secours rétablirent la santé ou diminuèrent les langueurs ; vous captifs dont il allégea les chaînes en donnant à vos membres plus de forces et à vos âmes plus,

______

(1) Matth. 5, 40.

de résignation pour les porter. Parlez , enfants dont il apaisa les cris, mères dont il sécha les larmes, pères dont il releva le courage , familles entières qui fûtes long-temps nourris du pain de sa charité. Parlez , jeunes gens qu'il préserva de la honte et des dangers de la mendicité , pauvres artisans qu'il délivra des poursuites d'un créancier impitoyable, en acquittant ou cautionnant vos dettes.

Qu'avons-nous besoin d'invoquer les absents , quand nous trouvons, sans sortir de cette enceinte, tant d'amis et de confrères , qui ne furent pas seulement les témoins , mais encore les objets de sa tendre charité ? Venez donc aussi , vous, mes frères dans le sacerdoce , et vous, pieux laïcs qui , peu favorisés des dons de la fortune , ne dûtes qu'à la générosité de son cœur les leçons de science et de vertu qui vous ont faits ce que vous êtes , joignez-vous à nous et publiez avec nous qu'il n'est aucun genre de bonnes œuvres que n'ait embrassé cette grande âme.

Ah ! que ne m'est-il donné d'invoquer encore le témoignage du saint prélat que nous pleurons ! Quels secrets n'aurait-il point à nous révéler touchant les sacrifices qu'il faisait pour fournir des sujets à la fonction de l'épiscopat qui lui était la plus chère ? Prêtres du Seigneur, mes pères et mes frères , unissons nos cœurs et nos voix , pour regretter et bénir et le pontife et le prêtre qui se sont ressemblés par des sentiments si généreux et nous ont laissé de si touchants exemples.

Que dirai-je de son esprit de dégagement, caractère distinctif du prêtre intérieur et tout appliqué aux devoirs de son ministère ? Il sut s'interdire, ou régler et modérer toute affection, toute attache qui eût pu gêner et ralentir les purs élans de son zèle ; il sut fuir les vains amusements qui ne peuvent s'accorder avec le sérieux d'une vie sacerdotale ; où l'on perd tout à la fois et le temps si précieux

pour un prêtre, et l'habitude du recueillement si nécessaire à la méditation et à l'étude, sa nourriture journa-
lière.

En quittant son pays natal, il y avait laissé une mère
veuve, avancée en âge, qu'il aimait uniquement. Sa
consolation et son soutien, il sut toujours concilier sa
piété filiale avec les devoirs de son état. Fixé dans le pays
où l'attachait son ministère, il la fit venir près de lui, et
tant que Dieu la lui laissa, il ne cessa de l'honorer et de
lui prodiguer les marques d'une véritable tendresse. Mais
il avait appris de Jésus-Christ que les obligations d'un mi-
nistre des autels sont plus sacrées encore que celles d'un
fils ; que dans l'alternative de blesser des affections natu-
relles ou de manquer aux devoirs essentiels de son ministère, il doit tenir pour mère, non celle qui lui a donné le
jour, mais quiconque fait la volonté du Père céleste : *Qui-
cumque enim fecerit voluntatem Patris mei qui in cœlis est,
ipse meus frater et soror et mater est* (1).

Pour les jeux, il n'en connaissait aucun et ne voulut jamais en apprendre. L'apparition des instruments de jeu était
pour lui le signal du départ. Si on lui faisait quelque ins-
tance pour le retenir, il savait, avec toute l'urbanité qui
lui était naturelle, s'en excuser sur des raisons si sages et
si plausibles qu'on ne pouvait se défendre d'admirer le
jeune prêtre qui connaissait si bien le prix du temps et la
sainte mais douce sévérité des mœurs cléricales. Il suivait
en cela l'esprit des saints conciles : *Clerici ad aleas
vel chartas non ludant, nec hujusmodi ludis intersint* (2).

Si maintenant nous le suivons dans ses fonctions, combien n'aurons-nous pas à nous édifier ? Vit-on jamais un

(1) Matth. 12, 50.
(2) Conc. 4. Gen. Lateran. can. 15. cap. *Clerici.* Trid. sess. 22 de
Reform. cap. 1.

prêtre monter à l'autel et célébrer les saints mystères avec plus de recueillement, avec plus de grâce et de majesté? Cette facilité, cette aisance avec laquelle il en observait toutes les cérémonies, cet air si serein, si rayonnant, si angélique qui brillait sur son visage, tout montrait que la messe était la fonction de son cœur, et qu'en la célébrant il goûtait déjà toute la joie qu'elle excite, selon la parole d'un saint Docteur, jusque dans les bienheureuses intelligences qui composent la cour céleste (1).

Sa manière d'annoncer la parole de Dieu était simple, mais pleine de force, d'onction et de dignité. Son ton, ses gestes, tout était naturel, tout était proportionné aux vérités qu'il prêchait, et témoignait combien il en était pénétré. Aussi en pénétrait-il l'âme de ses auditeurs, et nous avons souvent recueilli les fruits abondants de ses simples, mais touchantes exhortations (2).

C'est dans le tribunal de la pénitence que son zèle s'est exercé avec plus de succès et de constance. Ayant eu le bonheur d'être formé par lui, et choisi pour lui succéder dans la charge pastorale, il nous a été facile d'apprécier toute l'étendue des dons et des grâces qu'il avait reçus pour conduire les âmes.

Egalement ennemi d'un rigorisme désespérant et d'une indulgence qui sous des apparences de paix ne couvre que la mort, il savait, comme l'Esprit-Saint nous l'apprend au livre des Proverbes (3), qu'on s'égare en allant à droite comme en allant à gauche, qu'il ne faut mettre la vertu ni trop haut ni trop bas, que l'Evangile est bien un joug et un fardeau; mais que ce joug est doux et ce fardeau lé-

(1) S. Bonav. lib. de Præparatione ad Missam.
(2) Non in persuasibilibus humanæ sapientiæ verbis. 1. *Cor.* 2. 4.
(3) Ne declines ad dexteram, neque ad sinistram. *Prov.* 4, 27.

ger (1), qu'enfin pour que le pécheur trouve dans le sa-
crement de la réconciliation le calme assuré de sa cons-
cience, il faut que la miséricorde et la vérité, la justice et
la paix s'y rencontrent et qu'elles se donnent des baisers
sincères : *Misericordia et veritas obviaverunt sibi, justitia
et pax osculatæ sunt* (2).

Tout le monde sait combien les jeunes gens surtout
étaient à l'aise pour lui découvrir les secrets de leur cons-
cience. C'est qu'il avait la clef de leur cœur, et il la trou-
vait dans la douceur et dans la bonté du sien. Tendre et
compatissant envers tous les pécheurs, il l'était tout parti-
culièrement envers cet âge où les chutes sont souvent moins
l'effet de la malice que de la fragilité, cet âge plus suscep-
tible de la crainte funeste qui tient les consciences fermées,
mais dont on obtient tout quand on a su gagner sa confiance:
Qui condolere possit iis qui ignorant et errant (3).

N'est-ce qu'à l'autel, dans la chaire, au saint tribunal
que le vertueux Prêtre édifiait, touchait, convertissait?
Messieurs, le Prêtre est l'homme de Dieu partout, dans le
commerce ordinaire de la vie comme dans ses fonctions
les plus sublimes, dans l'abandon des entretiens familiers,
comme dans le sérieux de la chaire de vérité ; et si je ne
m'apercevais que cette première partie de mon discours
est peut-être déjà trop prolongée, je ne manquerais pas de
traits à vous citer, des impressions salutaires que produi-
sait la douceur, disons mieux, le charme de ses entretiens.
Ceux-mêmes que des préjugés ou des dispositions naturellement peu favorables auraient fait se tenir sur leurs
gardes, subjugués par un ascendant irrésistible, ne pouvaient s'en défendre long-temps.

(1) Jugum enim meum suave est, et onus meum leve. *Matth.* 11, 30.
(2) Ps. 84, 11.
(3) Hebr. 5, 2.

Mais d'où lui venait cette puissance qu'il exerçait sur tout ce qui l'environnait? de la prière. La prière, Messieurs, ce devoir le plus essentiel du prêtre dans l'ancienne loi comme dans la loi nouvelle. En effet, il lui faut louer Dieu au nom de tout le peuple, parce qu'il est son pontife; Dieu veut recevoir par sa bouche le tribut de louanges qui lui est dû. Il lui faut prier pour les besoins de ses frères, puisqu'il est chargé de leurs intérêts auprès de Dieu; il lui faut prier pour ses propres besoins, parce qu'il est lui-même environné de faiblesses, et que placé si haut, il ne peut se soutenir que par le secours de la grâce, qui ne s'accorde qu'à la prière. *Petite et dabitur vobis* (1).

Le prêtre qui a véritablement l'esprit d'oraison, selon l'idée que je m'en forme, est celui qui voyant Dieu en tout et tout en Dieu, marche continuellement en sa présence, lui rapporte tout, attend tout de lui, se repose de tout en lui, se plaît à parler de lui ou à en entendre parler, et trouve fade et insipide toute longue conversation où il ne se dit pas un mot qui en rappelle au moins la pensée. Mais qu'un prêtre ne sache parler de Dieu qu'à l'église, que du reste il raisonne en toute circonstance selon les idées d'une sagesse humaine et jamais selon les idées de la foi; si au lieu d'espérer en Dieu seul, il met sa confiance dans l'homme et s'appuie uniquement sur un bras de chair, quand il joindrait à l'observance de ses devoirs essentiels toutes les pieuses pratiques, je ne pourrais l'appeler homme de prière. Ce qui me le faisait reconnaître dans notre vénérable défunt, c'est qu'on n'était pas long-temps avec lui sans qu'il parlât de Dieu; c'est que Dieu était tout dans ses espérances comme dans ses désirs, et que les évènements qui pouvaient l'affecter d'une manière agréable ou péni-

____

(1) Matth. 7, 7.

ble , il les voyait tous en Dieu et dans l'ordre de sa providence. Or je me disais qu'il était impossible qu'un homme fût ordinairement dans de telles dispositions , s'il n'était accoutumé à s'entretenir avec Dieu, et par conséquent homme d'oraison et de prière. *Oratio de corde fideli*, dit saint Augustin, *tanquàm de arâ sanctâ surgit in modum incensi* (1). Le cœur du juste est un autel saint d'où s'élève incessamment la prière pareille à la fumée de l'encens.

Cet esprit de prière le prépara à la persécution qui, à la fin du siècle dernier , sévit avec tant de fureur contre le clergé de France, attaché à l'unité catholique. Les évènements auxquels se rattache cette persécution , sont trop connus pour que je m'arrête à vous en retracer l'origine et les progrès. Ce n'est pas la persécution que je veux vous faire connaître, c'est Monsieur MONGAZON dans la persécution. Lorsqu'elle commença, jeune encore, se défiant de ses lumières et de son courage , il bénissait , m'a-t-il dit, bien des fois, la Providence de l'avoir conduit dans un pays où les conseils et les exemples de tant de prêtres éclairés et vertueux lui offrirent des ressources si précieuses. Néanmoins, comme il savait que Dieu seul donne la force, il la lui demandait sans cesse, et c'était pour l'obtenir que chaque jour au saint Sacrifice, il prononçait avec une ferveur toute particulière, ces belles paroles de l'une des Oraisons qui précèdent immédiatement la communion du prêtre : *Et à te nunquàm separari permittas.*

Qu'est-il besoin de dire qu'il refusa courageusement le serment schismatique? Inscrit des premiers sur la liste de déportation, mais plus inquiet du salut de ses frères qu'occupé du soin de conserver sa propre vie , il aima mieux braver tous les périls de la proscription en demeurant caché

______

(1) S. August. in psalm.

dans le pays , que d'aller sur une terre étrangère où son zèle serait demeuré sans aliment.

Loin de moi de vouloir atténuer le mérite et la gloire des généreux confesseurs qui souffrirent alors l'exil. Dieu qui par miséricorde pour la France permit qu'il demeurât quelques prêtres pour consoler et soutenir ce qui restait de fidèles et sauver le flambeau de la foi prêt à s'éteindre , voulut ainsi donner aux nations voisines l'exemple frappant et à jamais mémorable d'un clergé inébranlable dans son attachement à l'unité.

Saint Paul dans son épître aux Hébreux nous a retracé la peinture de quelques saints personnages de l'ancien testament , abandonnés , affligés , persécutés, errants dans les déserts et les montagnes , se retirant dans les antres et les cavernes de la terre : *Egentes, angustiati, afflicti... in solitudinibus errantes , in montibus et speluncis , et in cavernis terræ* (1).

Je ne peux mieux vous peindre , Messieurs , la vie de ceux qui, ainsi que notre saint prêtre, demeurèrent cachés au milieu d'un peuple de fidèles, il est vrai, mais en proie lui-même à toutes les horreurs de la guerre civile. Retiré au fond des bois il allait la nuit par les maisons, comme les apôtres , rompant le pain eucharistique après en avoir cé-lébré le mystère , et distribuant celui de la divine parole , dont on était d'autant plus avide qu'il était devenu plus rare : *Frangentes circa domos panem* (2). Avant le retour du jour il se retirait dans sa solitude , emportant sur sa poitrine celui qu'il venait de recevoir dans son cœur, con-tinuant avec lui ses tendres et familiers entretiens , comme avec le compagnon unique et inséparable de toutes ses vicissitudes ; confiant la garde de sa vie à ce Dieu caché

(1) Hebr. 11, 37.
(2) Act. 2, 46.

qui voulait bien lui confier la garde de son corps : et lorsque l'approche des ombres de la nuit le mettant en sécu-
rité du côté des hommes , lui permettait de prendre un
repos que les bêtes du désert n'osaient troubler, sûr de la
protection de son Dieu qu'il tenait entre ses bras , il s'en-
dormait en disant avec le prophète : *In pace in idipsum
dormiam et requiescam* (3).

Bientôt vinrent et l'incendie qui porta partout la désolation , et les massacres qui , n'épargnant ni âge , ni sexe ,
poussaient une population innocente et inoffensive tantôt
d'un côté, tantôt d'un autre, selon la direction que prenait
le torrent dévastateur. Ces courses forcées, par une Providence admirable , lui fournirent de nouveaux mérites à
acquérir , en ouvrant un nouveau champ à son zèle. Une
paroisse du Poitou était en friche depuis long-temps : quelques mois qu'il put y passer lui suffirent pour remuer profondément cette terre abandonnée et y jeter une semence
qui promettait déjà les plus grands fruits.

Les âmes n'étaient pas seules l'objet de son ardente
charité ; il eût voulu arracher à la mort toutes les malheu-
reuses victimes que , dans ces jours d'exaspération et de
représailles, une vengeance aveugle immolait à sa fureur,
et si le temps ne me pressait , je vous le montrerais em-
ployant les remontrances , les prières , les reproches , les
menaces , et s'exposant même aux derniers excès de la
dureté des cœurs qu'il voulait toucher, pour sauver les vies
de ceux dont il venait de reconcilier les âmes. Mais j'en ai
dit assez pour montrer que Monsieur Urbain Loir-Mongazon , dans sa vie sacerdotale , a été non-seulement
l'homme de Dieu , mais encore l'homme de ses frères : il
nous reste à considérer en lui le père de la jeunesse et le
restaurateur du clergé dans ce diocèse.

(3) Ps. 4, 9.

DEUXIÈME PARTIE.

Qu'il est lamentable, Messieurs, le tableau que le prophète Jérémie nous trace de la désolation de Jérusalem dévastée par l'armée des Chaldéens ! Cette ville auparavant si peuplée est changée en un affreux désert ; ses rues pleurent de ne voir plus personne venir à ses solennités ; ses portes sont brûlées, ses édifices si beaux naguères égalés au sol ; ses princes et ses enfants emmenés captifs ; ses prêtres et ses vieillards cruellement égorgés, dispersés sur une terre étrangère, ou condamnés à vivre dans les gémissements et la misère ; ses vierges errantes, livides, desséchées par la terreur et la faim. Assis sur ses ruines, ses ennemis gorgés de ses dépouilles se repaissent de ses humiliations et se rassasient de ses opprobres ; son sanctuaire est profané, ce qu'elle avait de plus saint et de plus désirable est devenu la proie des impies ; sa religion et ses fêtes sont l'objet de leurs insultes et de leurs railleries. Plus d'observances de la Loi, plus de prophètes pour annoncer au peuple les visions du Seigneur. Par tout la famine et la mort ; les petits enfants demandent du pain, il n'est personne pour leur en rompre, ils tombent de défaillance sur les places de la ville, ou rendent leurs âmes sur le sein de leurs mères.

O vous tous qui passez par le chemin, voyez s'il est une douleur comparable à la douleur de la fille de Sion. *O vos omnes qui transitis per viam, attendite et videte si est dolor sicut dolor meus* (1).

Prophète du Seigneur, sans doute, Dieu vous a fait voir dans le lointain des âges les désolations qui comme de

____

(1) Thren. passim.

grandes eaux devaient fondre de toutes parts sur l'église de France aux jours de sa détresse et de son angoisse. *Omnes persecutores ejus apprehenderunt eam inter angustias.......* *Posuit me desolatam, totâ die mœrore confectam* (1).

Mais au milieu des lugubres lamentations du fils d'Helcias s'échappe un rayon d'espérance. La vengeance de notre Dieu n'est pas implacable ; réjouis-toi, Jérusalem, tes tribulations sont passées et sa justice est satisfaite : *Completa est iniquitas tua, filia Sion* (2). Les temps sont arrivés où s'accomplissent ses pensées de paix et de réconciliation pour son peuple. Cyrus permet aux Juifs de revoir Jérusalem, de rebâtir le temple et de relever l'autel de ses ruines. Le saint prêtre Esdras explique au peuple les commandements du Seigneur et réforme les abus avec un zèle infatigable. Cependant Jérusalem ne se rebâtissait pas. Nehémias paraît, tous les obstacles cèdent à la constance de sa résolution, les murs de la cité sainte se relèvent et brillent de leur ancien éclat.

Messieurs, le saint prêtre que nous pleurons tous fut à la fois pour ce diocèse et Esdras et Nehémias. Tandis que le petit nombre de pasteurs échappés au glaive croyait faire assez en rallumant dans le cœur du reste des fidèles la piété et le zèle pour l'observation des saintes lois de l'Eglise, lui seul conçut le généreux dessein de rassembler les pierres dispersées du sanctuaire, de donner aux prêtres égorgés pour la Foi de dignes successeurs, et de former pour la religion des générations nouvelles, empreintes de son esprit et pénétrées de son amour.

Plus une œuvre est grande en elle-même et dans ses résultats, plus elle doit rencontrer d'obstacles et de difficul-

(2) *Ibid.* 1, 3, 13.

(*Ibid*) 3, 4, 22.

tés ; plus les moyens pour y réussir paraissent faibles et insuffisants , plus aussi elle suppose de dévouement et de courage dans celui qui ose l'entreprendre. Or, Messieurs , de quoi s'agissait-il quand M. Urbain LOIR-MONGAZON commença à recevoir des jeunes gens dans son humble presbytère de Beaupreau ? Il s'agissait de renouer les saintes traditions de l'enseignement clérical rompues , brisées par des malheurs inouis , de donner à une jeunesse avide de connaître, une instruction solide et chrétienne dans un temps où toutes les sources de la science étaient corrompues ou desséchées (1) ; et cela au milieu des cendres de la Vendée , dans un pays ruiné et désolé , alors que les églises étaient à peine ouvertes , que la religion n'était tolérée qu'à regret. Aucune considération ne l'arrête : il saisit avec empressement les premières ouvertures que lui présente une paix encore si incertaine pour exécuter ces généreuses pensées de restauration du clergé qu'il avait conçues et méditées dans les jours les plus mauvais où tout espoir semblait éteint ; tant sa foi était pareille à celle d'Abraham , tant il savait espérer contre toute espérance : *Contra spem in spem* (2).

Mais quels sont ses moyens pour commencer une telle entreprise ; quelles sont ses ressources pour la conduire à sa fin ? celles que lui ménagera la Providence. La Providence ! ah , vos souvenirs vous rappellent qu'il aimait à s'en proclamer l'enfant, qu'il ne voyait qu'elle, qu'il se reposait uniquement sur elle, qu'il lui rapportait toutes choses. Elle ne m'a jamais manqué, nous disait-il souvent ,

---

(4) Me dereliquerunt fontem aquæ vivæ et foderunt sibi cisternas , cisternas dissipatas, quæ continere non valent aquas. *Jerem.* 2, 12.

(6) Rom. 4, 18.

comment pourrais-je ne pas m'y abandonner? Et lorsque Dieu se plaisait à mettre sa confiance à l'épreuve, il se contentait d'ajouter avec une tranquillité parfaite : Le Seigneur y pourvoira. *Dominus videbit* (1).

Du moins il a réuni des fonds considérables; il peut compter sur de fortes pensions, ou sur les secours de personnes généreuses et zélées qui ne doivent pas manquer dans un pays si chrétien ; des bâtiments spacieux et commodes sont préparés pour recevoir les élèves; des maîtres nombreux et avantageusement connus se disposent à le seconder de leurs efforts?

Messieurs, il était pauvre, son premier pensionnaire fut un pauvre orphelin; nous l'avons déjà dit, de quelque côté que l'on portât ses regards, on n'apercevait que ruine, affliction et misère. Il est vrai, les habitants de Beaupreau, n'écoutant que la grandeur de l'amour qu'ils lui portaient et leur désintéressement naturel, vinrent un jour déposer à ses pieds le peu d'or et d'argent qu'ils avaient pu sauver, le conjurant avec larmes de le recevoir. Profondément touché, il lui fallut bien accepter une partie de leur généreuse offrande; mais il ne voulut jamais permettre qu'ils renouvelassent à l'avenir de semblables sacrifices.

La ville entière n'était qu'un amas de cendres ou d'édifices à moitié consumés, et M. Mongazon ne pouvait disposer que du presbytère le plus incommode, le plus resserré, le plus misérable qui fût peut-être dans toute la contrée (2). Logement, livres, ameublements de première nécessité, tout manquait à la fois. Il est impossible d'imaginer une pauvreté plus grande, un dénuement plus ab-

(1) Genes. 22, 14.

(2) Les habitants de Beaupreau font en ce moment de grands sacrifices pour construire un presbytère qui ne laissera rien à désirer.

solu. Il n'avait pour l'aider dans ce vaste dessein qu'un seul de ses anciens élèves dont le dévouement et le zèle lui étaient connus. Plus tard son nom aura un éclat mérité dans la longue carrière d'enseignement qu'il parcourra ; alors ses talents n'avaient pu se faire connaître au dehors. N'importe, il ne lui vient pas même dans l'esprit que le succès de son œuvre pourrait être compromis : Le Seigneur y pourvoira. *Cùm enim infirmor, tunc potens sum :* Je suis puissant parce que je suis faible, disait-il avec saint Paul (1).

Il est remarquable, Messieurs, que les œuvres de la toute-puissance du Très-Haut sont, pour l'ordinaire, marquées au coin de l'infirmité et de la faiblesse. Nous pourrions en apporter en preuve les institutions qui ont le plus contribué à la gloire de Dieu, édifié les fidèles, illustré l'Eglise. Toutes ont eu de faibles commencements, et de cette faiblesse même elles ont tiré leur accroissement et leur force. Notre Seigneur Jésus-Christ a voulu nous le faire comprendre dans l'établissement de son Eglise. Elle est semblable, dit-il, à un grain de sénevé, la plus petite de toutes les plantes, qui, ayant crû, devient un grand arbre, de manière que les oiseaux du ciel vont chercher un abri sous ses branches (2). En effet, qu'était l'Eglise au temps de son divin fondateur ? qu'est-elle aujourd'hui ? comment a-t-elle pris tant d'accroissement ? comment s'est-elle répandue par tout l'univers, si ce n'est par la faiblesse et par l'infirmité ? Faiblesse du côté de son auteur, qui, tout Dieu qu'il est, ne veut triompher que par l'ignominie de sa croix et de sa mort : *Si exaltatus fuero à terrâ, omnia traham ad me ipsum* (3). Faiblesse du côté des Apôtres et

(1) 2. Cor. 12, 13.
(2) Simile est regnum cœlorum grano sinapis. *Matth.* 13, 31.
(3) Joan. 12, 32.

des premiers prédicateurs de l'Évangile , dont le langage est grossier et barbare : *sermo contemptibilis* (1) ; qui ne soumettent le monde qu'en réunissant dans leurs personnes tous les genres de souffrances et d'infirmités : *facti sumus sicut oves occisionis* (2) ; qui ne donnent de force à leur autorité sur les fidèles , qu'en se faisant faibles avec les faibles : *factus sum infirmis infirmus* (3).

Familles chrétiennes , dans le sein desquelles s'est conservé le dépôt de la foi au milieu de tant de malheurs , ne balancez plus ; confiez vos enfants , vos plus chères espérances , au nouvel établissement ; son succès est assuré , car il est marqué du signe des œuvres du Tout-Puissant. Pressez-vous autour du saint prêtre , vous surtout qui sentez dans vos jeunes cœurs la vocation du Sacerdoce plus sublime que jamais, puisque, comme aux premiers jours du christianisme, il est dépouillé de toute gloire et de tout avantage humain, qu'il n'offre à ceux qui en sont revêtus que fatigues et combats, croix et travaux sans nombre.

Messieurs , il en fut ainsi : les sujets se présentèrent avec une telle abondance , que bientôt l'humble presbytère et les maisons voisines qu'on y avait jointes , ne purent les contenir. A cette époque , la Providence avait conduit à Beaupreau une de ces femmes que l'Esprit-Saint nous représente comme prédestinées de Dieu pour le bien , qu'il s'est plu à orner de ses dons les plus magnifiques ; à la foi inébranlable, à la piété simple et généreuse, aux manières grandes et nobles , dont les mains sont toujours étendues sur les malheureux , qui se plaisent à orner les autels du Seigneur , et qui n'ignorent d'aucunes bonnes œuvres. A ce portrait vous avez reconnu Madame la maréchale d'Au-

(1) 2 Cor. 10, 10.
(2) Rom. 8, 36.
(3) 1. Cor. 9, 22.

BETERRE , dont le nom seul réveille et tant de souvenirs et tant de vertus. A peine elle connut Monsieur MONGAZON , qu'elle lui accorda une confiance entière et une estime qui ne devait point s'affaiblir. L'union de ces deux belles âmes pour la gloire de Dieu, rappelle naturellement celle de de sainte Chantal et du saint évêque de Genêve. Monsieur MONGAZON, Madame la maréchale d'AUBETERRE , ces deux noms qui nous furent si chers, sont tellement liés ensemble, qu'ils ne peuvent plus être séparés dans notre mémoire et dans notre reconnaissance. Hélas ! elle nous fut trop tôt ravie, et notre douleur n'a pu être adoucie que par la présence d'une famille admirable, héritière de sa foi et de sa charité plus encore que de ses biens et de sa fortune. Alors elle habitait la maison des *enfants de chœur* (1) , qu'elle s'empressa d'abandonner à l'œuvre naissante. Associée désormais au noble dessein de son fondateur , elle fut l'appui et le soutien du nouveau collége, qu'elle ne cessa de combler de ses bienfaits.

Cependant la tribu sainte croissait et se multipliait malgré les traverses et les persécutions que ne cessa de lui susciter le génie du mal. Quelques années s'étaient à peine écoulées , que Dieu, qui tient dans sa main les événements ordinaires comme le sort des empires , l'avait conduite par des voies contraires à tous les calculs humains dans les vastes bâtiments de l'ancien collége agrandis et réparés à grands frais par le gouvernement impérial, et qui néanmoins se trouvèrent encore insuffisants.

L'œuvre qui avait eu des commencements si petits et si humbles, était arrivée au plus haut point de sa gloire ; son nom et sa réputation s'étaient répandus au loin ; ses études solides et fortes pouvaient rivaliser avec celles des colléges les plus brillants du royaume.

(1) Ce nom n'est pas sans intérêt pour les élèves de cette époque, qui, jouant sur le mot, aimaient à se dire les *enfants de chœur.*

La science, Messieurs, c'est la vérité conquise : mais dans cette conquête qu'il doit faire à la sueur de son visage (1), l'homme a besoin d'un appui immuable sur lequel il se repose et se fixe au milieu de l'agitation et de l'incertitude de ses pensées, de l'entraînement et de la mobilité de son imagination. Son intelligence aveuglée par la corruption qui est en lui, dominée par des sens grossiers qui émoussent la perspicacité de son jugement, réclame une règle divine qui l'éclaire et la dirige, affermisse et assure sa marche ; ce qui a fait dire au grand évêque d'Hippone, que toutes les connaissances découlent de Dieu, et qu'il est assis sur la science comme sur un trône (2). L'homme n'a pas voulu se soumettre à une loi si convenable, et s'il est une science qui sort de Dieu et de son Verbe, *Verbum Dei*, il en est une autre qui vient de l'homme seul. La première invariablement unie à la foi se montre soumise à tous ses enseignements. Ses principes sont fermes et stables, ses déductions droites et sûres. Elle vit de lumière et d'amour, en elle repose la paix. La seconde, affranchie de Dieu et de sa parole, ne reconnaît que sa propre puissance, ne se soumet à aucune autorité, qu'autant qu'il lui plait. Ses principes sont changeants, les conséquences qu'elle en tire vagues et incertaines ; elle essaie de se nourrir de lumière, elle ne rencontre que ténèbres (3). Songes, doutes, rêveries, ouï-dire de ce qui n'est plus, présages de ce qui sera, la science humaine est ainsi toujours bercée entre mille systèmes qui meurent et mille systèmes qui commencent : *Similis est fluctui maris qui à vento movetur et circumfertur* (4). Ses lueurs les plus bril-

----

(1) Genes. 3, 19.
(2) Super plenitudinem scientiæ (*Deus*) sedere dicitur. *S. Aug.* in Psalm.
(3) Quærunt lucem, confusionem inveniunt. *ibid.*
(4) Jacobi, 1, 6.

lantes sont trompeuses, la nourriture qu'elle donne est creuse et vide, ses joies courtes et passagères, l'âme qu'elle possède se flétrit insensiblement, dépérit et se dessèche. Elle-même s'évanouit dans ses propres pensées et tient la vérité captive dans l'injustice (1). Elle enfle, elle exalte : *inflat* ; semblable à un incendie, elle brûle, elle ravage; ses efforts impuissants et stériles pour créer et pour produire, sèment par tout le doute, la division et le trouble; agitent, ébranlent, mœurs, lois, institutions, sociétés elles-mêmes : *Conturbatæ sunt gentes et inclinata sunt regna* (2).

La science chrétienne au contraire, sœur immortelle de la foi (3), et parole de vérité, *verbum veritatis*, n'est pas chancelante, mais ferme et assurée : elle connait le passé et entrevoit l'avenir ; ses lumières vives et pénétrantes éclairent tous ceux qui l'approchent (4), elle élève l'esprit de l'homme, le nourrit, l'agrandit (5), remplit son âme de joies ineffables et durables (6); pareille à l'astre du jour, elle chasse devant elle les ténèbres et les fantômes, unit et resserre, produit ou féconde : *verbum vitæ*; et, pour parler le beau langage de saint Augustin, se dilate dans la charité pour le bonheur des peuples et des empires; *Plenitudo scientiæ caritas* (7).

Cette science dont la racine est au ciel était la seule connue au Petit-Séminaire de Beaupreau; et tandis que l'on faisait en tant d'endroits une spéculation et un trafic honteux de l'instruction de la jeunesse, que, par tous les moyens ima-

---

(1) Evanuerunt in cogitationibus suis.... veritatem Dei in injustitiâ detinent. *Rom.* 1. 18, 21.

(2) Ps. 45, 7.

(3) Soror immortalis fidei scientia. *S. Aug. in Psalm.*

(4) Lux cæcos illuminans. *Ibid.*

(5) Panis hominis, pinguedo animæ. *Ibid*

(6) Immortalium deliciarum Mater. *ibid.*

(7) Ibid.

ginables, on cherchait à diminuer les sources chargées de la répandre , afin que concentrée dans un petit nombre d'établissements privilégiés elle assurât un lucre plus abondant et plus certain ; là on la donnait avec expansion et avec amour ; on eut voulu l'étendre à tous et l'on s'imposait de dures privations pour faire participer à ses bienfaits un plus grand nombre d'enfants : *Plenitudo scientiæ caritas.*

Sainte paternité, tendre sollicitude de la charité, comme vous éclatiez dans ce prêtre de Jésus-Christ! De même que le cœur de son maître , le sien était tout amour. Ici , Messieurs , se présente un spectacle merveilleux : M. MONGAZON au milieu de ses élèves , que dis-je? au milieu de ses enfants chéris , de sa famille bien-aimée. Il faudrait vous faire pénétrer dans l'intérieur de cette maison dont le gouvernement et la discipline étaient miséricorde et mansuétude, persuasion et douceur ; d'où la sévérité et la contrainte semblaient exilées , pour laisser régner à leur aise et l'amour et la piété filiale ; il faudrait étaler devant vous ces trésors de bonté et de douceur qui débordaient de toutes parts.

Ah ! il l'avait comprise dans toute son étendue cette parole du Sauveur des hommes : Laissez venir à moi les petits enfants. *Sinite parvulos venire ad me* (1). Comme ils l'entouraient, comme ils se pressaient autour de lui , avec quel inexprimable sourire il les accueillait , les serrait sur son sein , leur prodiguait ses soins et ses veilles ! Mais il est des choses que l'on sent vivement sans pouvoir les redire ; et, je le confesse , la voix et les paroles me manquent à la fois. Dans mon impuissance qu'il me soit permis d'emprunter de nouveau à saint Augustin son admirable langage : « Dans son action toujours incessante », nous dit-il ,

(1) Luc. 9,14.

« la charité enfante les uns , s'affaiblit avec les autres ; elle
» a soin d'édifier ceux-ci , elle craint de blesser ceux-là ;
» elle s'abaisse vers les uns , elle s'élève vers les autres ;
» douce pour le plus grand nombre , elle est forcée de
» montrer un visage plus sévère à quelques-uns ; ne faisant
» acception de personne, elle est la mère de tous; elle cou-
» vre de ses plumes les plus molles ses tendres poussins; elle
» appelle d'une voix contractée par la sollicitude ceux qui
» se plaignent , les pressant tous sous ses ailes caressantes. »
Ipsa caritas alios parturit , cum aliis infirmatur ; alios
curat ædificare , alios contremiscit offendere ; ad alios se
inclinat , ad alios se erigit ; aliis blanda , aliis severa ;
nulli inimica , omnibus mater...... languidulis plumis
teneros fœtus operit, et susurrantes pullos contractâ voce ad-
vocat (1).

C'est lui , Messieurs, vous l'avez reconnu , et vos larmes me prouvent assez que j'ai réveillé en vous d'ineffa-
çables souvenirs plus éloquents que tous les discours. C'est
lui étudiant avec tant de soin les caractères divers, pour
varier, suivant leurs besoins et leurs tempéraments , sa
manière de les conduire ; c'est lui avec sa vigilance de tous
les instants, répétant sans cesse à ses dignes coopérateurs :
il vaut mieux prévenir les fautes que de les punir. C'est
lui se levant au milieu de la nuit dans ses inquiétudes ma-
ternelles pour visiter l'un après l'autre chacun de ses enfants ; c'est lui assis au chevet des malades comme une
nourrice et comme une mère. *Caritas nutrix , caritas*
mater est (2). C'est lui soutenant les faibles , pleurant avec
ceux qui pleuraient , ouvrant sa bourse à ceux qui avaient
besoin ; petit avec les petits , enfant avec les enfants , tout

____

(1) S. Aug. de catech. rud.
(2) Ibid.

à tous afin de les sauver tous. *Facti sumus parvuli in medio vestrûm* (1).

Aussi tous les cœurs s'inclinaient-ils vers lui ; ils se fondaient en quelque sorte entre ses mains et recevaient toutes les impressions qu'il voulait leur donner. Si quelques-uns se montraient plus rebelles, il les pressait par des prévenances si suaves, avec une onction si pénétrante, qu'ils ne pouvaient lui résister long-temps. *Veni, columba, te vocat, gemendo te vocat* (2). Rien n'égalait l'amour, le dévouement, la piété filiale de ces enfants pour lui ; ils le chérissaient à l'égal du meilleur des pères, seul nom qu'ils connussent pour le désigner, à la maison paternelle comme au collége, dans les lettres qu'ils lui écrivaient comme dans leurs conversations. Lorsqu'il paraissait au milieu de leurs jeux, ils l'approchaient, ils l'entouraient, lui parlaient avec un parfait abandon et je ne sais quelle joie délicieuse. La crainte de lui déplaire suffisait pour arrêter les plus impétueux dans les écarts où allait les entraîner la fougue de l'âge et l'irréflexion de la jeunesse. Un mot, un seul mot, une ride sur ce front habituellement si pur et si serein jetaient dans tous les esprits l'émotion, l'inquiétude, l'effroi, et suspendaient leurs innocents plaisirs.

Ces sentiments n'étaient pas éphémères : des liens désormais inaltérables se formaient entre les élèves de Beaupreau et leur digne supérieur. Sortis du collége, son nom était celui qui revenait le plus souvent sur leurs lèvres ; leurs moments les plus heureux, ceux qui les ramenaient à Beaupreau. Qu'elles étaient touchantes les scènes de la distribution annuelle des prix, alors que les anciens disputaient avec les plus jeunes de témoignages de vénération et d'amour ; que ceux qui étaient pères lui amenaient

(1) 1. Thess. 2, 7.
(2) S. Aug. in Joan.

leurs petits enfants, tandis que les mères ravies les lui abandonnaient sans regret et sans amertume !

Ses exhortations, ses conseils, sa douce voix restaient toute la vie comme d'indestructibles souvenirs, souvenirs protecteurs qui retenaient dans les pas glissants, ou ramenaient à la vertu un instant oubliée, qui réjouissaient l'âme ou la consolaient dans l'affliction, qui, aux approches de la mort elle-même, se présentaient comme une espérance ou comme un gage des promesses immortelles. Nous avons vu des hommes consommés dans l'art d'élever la jeunesse s'écrier à la vue de telles merveilles : Il n'est qu'un homme capable d'opérer ces prodiges.

Mais que fais-je ? J'essaie de retracer sa belle vie avec des mots, tandis que vos cœurs, Messieurs, vous rappellent son image et ses vertus avec une force et une expression bien autrement puissantes que mes faibles paroles. Qu'est-il besoin de parler de l'amour que lui portaient ses enfants, lorsque vous êtes accourus de toutes parts, que vous vous pressez en si grand nombre dans cette enceinte, pour le pleurer et lui rendre avec nous ces funèbres hommages ? Que servirait de chercher à le louer, lorsque vous êtes sa gloire vivante devant Dieu et devant les hommes, vous, prêtres de Jésus-Christ, dont les vertus sacerdotales reluisent au loin et illuminent les peuples ; vous, hommes du monde, qui montrez à notre siècle où, par l'une de ces aberrations inconcevables du cœur humain, tant de gens instruits d'ailleurs regarderaient comme une faiblesse d'être ouvertement chrétiens, qui montrez, dis-je, que l'éclat de la naissance ou des talents, la hauteur des vues ou l'étendue des connaissances sont admirablement rehaussées par la pratique austère et fidèle des lois saintes de la religion ? *In fide fundati et stabiles et immobiles* (1).

(1) Coloss. 1, 23.

Après tant de travaux et de succès , enrichi de tant de mérites , comblé de tant de bénédictions , plein de bonnes œuvres plus encore que d'années, l'ami du cœur de son Dieu , qui ne lui avait rien refusé de ce que ses lèvres lui avaient demandé (1), il ne lui restait plus , ce semble, qu'à chanter le cantique du Juste : Seigneur , laissez mourir en paix votre serviteur : *Nunc dimittis servum tuum in pace* (2). Que les pensées de Dieu sont différentes des pensées des hommes ! Lorsque toute la Judée publiait les miracles de Jésus et sa gloire , que ses disciples dans leur admiration confessaient hautement qu'il était le Christ de Dieu , il commença à leur enseigner comment il fallait que le Fils de l'homme souffrit beaucoup de douleurs , qu'il fût rejeté par les Anciens et les chefs du peuple : *et cœpit docere eos quoniam oportet Filium hominis pati multa, et reprobari à Senioribus et à summis Pontificibus et à Scribis* (3). L'apôtre de son côté nous apprend que nous devons être les images vivantes de Jésus-Christ crucifié, qu'il est nécessaire que nous accomplissions dans notre chair ce qui manque à sa passion (4). Les Saints doivent donc être éprouvés comme l'or dans la fournaise : *Tanquam aurum in fornace* (5) ; soit que le Seigneur veuille rendre leur couronne plus éclatante, soit qu'il les ait destinés à être du nombre de ces victimes de choix sur lesquelles se déchargent les trésors de sa colère, et qui doivent être immolées en holocauste pour le salut de leurs frères.

O saint vieillard ! préparez votre âme et votre cœur , car il sera traversé en tous sens par un glaive de douleur

---

(1) Et voluntate labiorum ejus non fraudasti eum. *Psalm.* 20, 3.
(2) Luc. 2, 29.
(3) Marc. 8, 31.
(4) Adimples ea quæ desunt passionum Christi in carne meâ.
Coloss. 1, 24.
(5) Sap. 3, 6.

et d'amertume. Afin que le doigt de Dieu soit plus visible,
la tempête se forme et éclate là où il semblait que la sécu-
rité dût être plus parfaite. Qui aurait jamais pu croire que
le plus pacifique des hommes, accoutumé toute sa vie à
adorer les desseins mystérieux de la Providence dans les
événements divers, et à exhorter les siens à s'y soumettre,
serait transformé tout-à-coup en un artisan de troubles et
de discorde, et sa maison en un foyer d'intrigues et de
complots ! Des accusations si dénuées de fondement n'auraient dû mériter à leurs auteurs que honte et mépris ;
elles furent néanmoins accueillies avec faveur, et en un
seul jour s'écroula ce magnifique asile de la jeunesse, l'ornement et la gloire, l'honneur et la fortune de notre pays.

A Dieu ne plaise que nous voulions faire entendre ici
des paroles d'aigreur, ou rouvrir des blessures encore si
saignantes ; nous connaissons toute l'étendue des devoirs
que nous impose la charité ; et nous n'ignorons pas que
dans les commotions politiques, des intentions droites d'ailleurs peuvent être surprises par les apparences les plus
frivoles : tant la sagesse humaine est courte, tant sa justice
est incertaine.

Un coup si rude, si inattendu, put courber sa grande
âme, et non l'abattre, mais ses jours s'inclinèrent vers la
tombe. Toutefois Dieu ménagea quelque consolation à son
serviteur. Combrée, colonie de Beaupreau déjà illustre,
se dilata en quelque sorte pour recevoir les jeunes exilés.
Son pieux Supérieur, l'un des premiers disciples de
M. Mongazon, tout pénétré de son esprit et de sa charité, les confondant avec ses propres enfants, les pressa
tous ensemble sur son cœur avec une égale tendresse.

Pour lui, retiré dans une aimable solitude que s'était em-
pressée de mettre à sa disposition la famille de Madame la
maréchale d'Aubeterre, héritière de l'estime et de la vé-

nération qu'elle lui portait, il y coulait ses jours dans la méditation et le recueillement, priant pour ceux qui lui avaient fait tant de mal comme pour ses enfants chéris, priant pour la France et pour l'Eglise, et se consolant dans ses doux entretiens avec son Dieu de l'injustice des hommes. Soumis, résigné, il disait avec Jésus : Mon Père, comme vous voulez, et non comme je veux (1); puis il attendait avec calme que la colère du Seigneur fût passée : car il avait appris du grand apôtre que la tribulation produit la souffrance, que la souffrance fait l'épreuve, et que l'épreuve engendre l'espérance : *Tribulatio patientiam operatur, patientia autem probationem, probatio verò spem* (2).

Telles étaient sa vie et ses pensées, lorsqu'il reçut une invitation pressante de se rendre à Angers pour y fonder un Petit-Séminaire nouveau. Messieurs, nous avons été le confident des déchirements de son cœur ; il s'écriait avec le prophète : quoi ! d'autres afflictions ajoutées à la douleur de mes plaies ! (3) quitter mon pays d'adoption, emporter avec moi son dernier espoir ! Je croyais que mes os reposeraient avec ceux de mes paroissiens, de mes enfants bien-aimés ! Belle âme ! vous tenez encore à quelque chose en ce monde : il faut que toute affection soit rompue, brisée, immolée. Il était fait pour comprendre cette doctrine. Le simple désir de ses supérieurs sera un ordre pour cet homme éminemment humble et obéissant : il se dérobera furtivement à nos regrets et à notre amour, comme autrefois saint Jean Chrysostôme aux résistances de son peuple ; il consacrera à l'œuvre nouvelle et les restes d'une vie qui s'éteint et sa fortune entière ; mais ainsi que Daniel se

---

(1) Pater mi.... non sicut ego volo, sed sicut tu. *Matth.* 26, 29.
(2) Rom. 5, 4.
(3) Super dolorem vulnerum meorum addiderunt. *Ps.* 68, 27.

tournait sans cesse vers Jérusalem , l'ardeur de ses affections le rappellera vers Beaupreau tous les jours de sa
vie.

Cependant le Petit-Séminaire d'Angers est assis sur des
bases désormais inébranlables, il a fait choix, pour être son
successeur , d'accord en cela avec les vœux unanimes du
diocèse, de l'un de ses fils les plus distingués, que des con-
venances que vous appréciez sans peine m'empêchent
seules de louer ici autant qu'il le mérite. Dès lors la terre
n'a plus rien qui retienne Monsieur MONGAZON; il est pressé
d'aller se consommer avec le Dieu de ses désirs dans
l'éternelle unité.

Il n'est plus, Messieurs , ce Prêtre d'une charité universelle comme l'Eglise : *Vir amator civitatis*; il n'est plus ,
après avoir accompli sur la terre tant d'œuvres saintes , il
a, tout nous le fait espérer, entendu de la bouche de son
maître, la parole de miséricorde : Venez , bon et fidèle
serviteur, entrez dans la joie que je vous ai préparée. *Et
benè audiens*; il n'est plus, partout on le pleure amère-
ment comme un ami et comme un père : *Qui pro affectu
Pater appellabatur.*

Nulle part ailleurs le deuil et l'affliction ne furent plus
grands et plus vifs qu'à Beaupreau ; Beaupreau , la ville
de ses prédilections , théâtre pendant cinquante années de
ses bonnes œuvres sans cesse renaissantes et multipliées
sous toutes les formes ; où chaque famille lui était étroite-
ment attachée par les liens de la reconnaissance , du respect et de la vénération. Le premier cri de la douleur
passé, chacun se demanda si , comme Israël mourant , il
n'avait pas recommandé à ses fils de reporter son corps
dans la terre que Dieu semblait lui avoir donnée pour son
héritage. Déjà on attendait avec impatience et amour ses
précieuses reliques , lorsque nous apprîmes que surpris

par la mort il n'avait pu manifester ses dernières volontés. La conviction n'en resta pas moins dans tous les esprits que si l'on avait été forcé de confier pour un temps ses dépouilles vénérables à un cimetière étranger, il n'était pas d'endroit où elles dussent reposer plus convenablement qu'au milieu de son ancien troupeau.

Les ossements des justes sont une semence de bénédictions, et leur mémoire une prédication continuelle (1) ; les louer sans les imiter est leur rendre un hommage qu'ils réprouvent et rejettent avec dédain. Souvenez-vous , disait saint Paul aux Hébreux , de vos conducteurs qui vous ont évangélisé la parole de Dieu. *Mementote præpositorum vestrorum , qui vobis locuti sunt verbum Dei* (13, 7.). Considérez leurs travaux et leurs combats , non pour les exalter par une admiration vaine et stérile , mais pour vous encourager à imiter leur fidélité généreuse et la grandeur de leur foi. *Quorum intuentes exitum conversationis imitamini fidem* (*Ibid.*).

Vous l'imiterez , ô vous qui êtes appelés à continuer son œuvre, à remplir la noble tâche de former pour notre pays une jeunesse chrétienne et savante. Comme lui, purs dans vos vues , les héritiers de sa sollicitude et de son zèle, vous n'envisagerez pour récompense de vos pénibles fonctions que la gloire promise à ceux qui se dévouent à répandre partout la science qui fait les justes (2).

Le cœur du prêtre que Dieu trouva fidèle dès sa jeunesse (3) , et dont toutes les aspirations étaient pour le ciel, parce que là était son trésor (4), conservé avec un

---

(1) Memoria eorum in benedictione et ossa eorum pullulent de loco suo. *Eccli.* 46, 14.

(2) Qui ad justitiam erudiunt multos, (fulgebunt) quasi stellæ in perpetuas æternitates. *Dan.* 12, 3.

(3) Invenisti cor ejus (Abrahæ) fidele coràm te. 2. *Esdr.* 9, 8.

(4) Ubi enim est thesaurus tuus, ibi est et cor tuum. *Matth.* 6, 2.

religieux respect dans cette maison , en sera toujours le conducteur et le guide. De même qu'Elie enlevé dans un char de feu laissa à Elisée son manteau et sa puissance , il lui a légué son esprit et son ineffable charité. Heureux collége , vous brillerez d'un éclat tout particulier ; votre gouvernement sera paternel , vos élèves pieux et dociles ne connaîtront que la noble émulation de l'étude et de la vertu. O qu'il est doux le joug de l'obéissance et du devoir, quand c'est l'amour qui l'impose et qu'il est porté par l'amour !

Prêtres de Jésus-Christ, nous imiterons son humilité et son mépris du monde, son désintéressement et sa piété si suave; le Seigneur sera notre seule force (1), nous l'implorerons avec confiance, nous l'implorerons sans cesse; la prière de l'homme humble pénètre le ciel (2); nous lèverons nos yeux vers la montagne d'où nous vient le secours et le salut (3) , et notre nourriture sera de faire chaque jour la volonté du Seigneur (4).

Vous en garderez aussi un éternel souvenir , vous tous qui êtes ses enfants et ses disciples. Nourris et pénétrés de ses leçons , on vous verra toujours immobiles dans la foi , courageux et forts (5) ; car le temps est court et la figure de ce monde passe (6). Semblables sur la terre à des voyageurs qui se détournent pour se reposer un peu (7) , que nous font les jugements des hommes ? Le Seigneur seul est-

---

(1) Dominus firmamentum meum. *Ps.* 17, 2.

(2) Oratio humiliantis se nubes penetrabit. *Eccli.* 35, 21.

(3) Levavi oculos meos in montes, undè veniet auxilium mihi.
Ps. 120, 1.

(4) Meus cibus est ut faciam voluntatem ejus qui misit me.
Joan. 4, 34.

(5) State in fide, viriliter agite et confortamini. 1. *Cor.* 17. 13.

(6) Tempus breve est : præterit enim figura hujus mundi.
Ibid. 7, 29-31.

(7) Quasi viator declinans ad manendum. *Jerem.* 14, 8.

notre juge; il éclairera ce qui est caché dans les ténèbres ,
il manifestera les conseils des cœurs , et alors chacun rece-
vra de lui la louange qu'il mérite(1). Qu'ils sont donc sages,
s'écrie saint Grégoire de Nazianze (2), ceux qui, méprisant
les sens détachés de la chair et du monde, ne tiennent plus
aux choses humaines que par les seuls liens de la nécessité,
conversent uniquement avec Dieu et avec eux-mêmes, et
s'élevant au-dessus des objets sensibles , ne vivent que de
divines clartés qu'ils conservent en eux toujours pures ,
toujours brillantes , sans aucun mélange des ombres de la
terre et des vains fantômes errants ici-bas autour de nous;
qui , réfléchissant comme un miroir céleste , Dieu et ses
éblouissantes perfections , sans cesse ajoutent à la lumière
une lumière plus vive , jusqu'au moment où la vérité dissi-
pant les nuages , ils arrivent à la source même de toute
lumière , à l'éternelle fontaine de splendeur , fin bienheu-
reuse de notre être et son immortel ravissement.

Ainsi soit-il.

(1) Mihi autem pro minimo est, ut à vobis judicer... qui autem ju-
dicat me Dominus est.... qui et illuminabit abscondita tenebrarum,
et manifestabit consilia cordium : et tunc laus erit unicuique à
Deo. 1. *Cor.* 4, 3-4-5.

(2) Nihil enim mihi fortunatius eo homine esse videbatur, qui clau-
sis compressisque corporis sensibus, atque extrà carnem mundumque
positus in seque collectus, nec nisi summâ necessitate impellente,
quidquam humanarum rerum attingens, atque et secum ipse et cum
Deo colloquens, superiorem rebus in aspectum cadentibus vitam
agit, divinasque species et imagines puras semper, nec ullis terrenis
et errabundis formis permixtas in seipso circumfert, ac Dei rerumque
divinarum purum omninò speculum est, in diesque efficitur, lucique
lucem, obscuriori videlicet clariorem adjungit, ac jàm futuri ævi
bono fruitur, et licet adhuc in terris agens, terram deserit atque à
spiritu in cœlo collocatur. GREG. NAZ. *Apologet.* 1.

Angers, Imp. de LAUNAY-GAGNOT.